Das Ende des Urknalls

Ein Essay über Evolution

Herstellung und Verlag:
BoD Books on Demand, Norderstedt
ISBN 9 783842 328426

1. Auflage
gunterhiller@gmail.com

Es ist viel einfacher, etwas zu messen
als zu wissen, was man misst

Unbekannt

Vorwort

Bei Diskussionen mit meinen Freunden über meine Bücher *Evolution 3.0* und *Information und Kosmos* kam immer wieder die Anregung einen kleinen Vortrag mit den wesentlichen Merkmalen meiner Vorstellung eines evolutionären Universums zusammenzustellen. Das Resultat ist dieser Essay.

Ein Essay bezeichnet eine kürzere, anspruchsvollere, subjektiv gefärbte Abhandlung über ein bestimmtes Thema aus Kunst, Wissenschaft oder Philosophie. Ich hoffe, dass der folgende Essay diesen Ansprüchen gerecht werden kann.

Dieser Essay lässt natürlich viele Fragen offen, aber auch die Quantenmechanik brauchte viele Jahre und viele kluge Köpfe, um den heutigen Stand zu erreichen. Der Auslöser der Quantenmechanik war die Tatsache, dass man einige neu entdeckte Phänomene nicht mehr mit der klassischen Physik erklären konnte oder nur mit Klimmzügen, die kaum noch vertretbar waren.

Ich denke, das gleiche trifft heute auf die Urknalltheorie und die daraus abgeleitete Hochenergiephysik zu. Wenn man einen Erfahrungssatz, der nicht bewiesen werden kann, der aber bei bestimmten erdgebundenen Experimenten durchaus seine Berechtigung hat, kritiklos auf das gesamte Universum überträgt und dann von einem Dilemma zum nächsten stolpert, ist es schon angebracht, die ursprünglichen Annahmen von Grund auf zu überdenken.

Günter Hiller

Antigua, im Februar 2016

4

Inhalt

Vorwort zu Evolution 3.0

Da ich mich sehr lange mit Evolution beschäftigt habe, nicht nur mit biologischer, sondern auch mit kultureller, war ich irgendwann einmal gefangen von der Brillanz dieser Erklärungsform. Mir wurde ziemlich bald klar, dass dem Werden unseres Kosmos auch eine Evolution zu Grunde liegen muss, eine kosmische Evolution.

Natürlich stößt man mit dieser Vorstellung bei den Arrivierten der Szene auf Ablehnung, aber das tat auch Darwin, als er seine *Abstammung des Menschen* vorstellte (1871). Bereits im drittletzten Absatz seines Werkes *Die Entstehung der Arten* schrieb Darwin 1859 zusammenfassend, dass sich nunmehr ‚ein weites Feld' für weitere Forschungen eröffne und er beschloss diesen Absatz mit dem bekannten Satz: „Licht wird auf den Ursprung der Menschheit und ihre Geschichte fallen."

Ich hoffe auch mit diesem Buch ‚ein weites Feld' zu öffnen und wünsche mir, dass Physiker in Zukunft nicht mehr die Brillanz der Evolution in einem dumpfen Urknall zerbersten lassen.

Als Kind der Evolution weiß ich, dass man nur aus Fehlern lernt. Daher ist es wohl der größte Fehler, diese unter allen Umständen vermeiden zu wollen! Meine Vorstellungen sind nicht perfekt. Sie dürfen nicht perfekt sein. Perfektion und Evolution schließen einander aus! Perfektion und Evolution sind komplementär!

Günter Hiller

Antigua, im Februar 2015

Prolog

Angesichts der Dummheit der Mehrheit der Menschheit
ist eine weit verbreitete Ansicht wahrscheinlich
eher töricht als vernünftig.

Bertrand Russell

Die Urknalltheorie ist heute so weit verbreitet, dass man
kaum noch eine Wissenschaftssendung oder wissenschaftliche
Veröffentlichung findet, die nicht davon ausgeht, dass unser
Universum ca. 13,8 Milliarden Jahre alt ist und auseinander
fliegt, sich ausdehnt.

Diese Theorie basiert auf zwei Säulen, zum einen der von
dem Astronomen Edwin Hubble erstmals gemessenen Rotverschiebung und zum anderen der Energieerhaltung. Hubbles
Messungen zeigten, dass fernere Galaxien rötlicher, also lang-
welliger und damit niederfrequenter erscheinen als nähere.

Energieerhaltung ist ein Erfahrungssatz, der bei physikalischen Experimenten noch nie widerlegt werden konnte. Wenn
man nun diesen Erfahrungssatz auf das ganze Universum anwendet, bleibt als Erklärung für die Rotverschiebung nur der
Doppler-Effekt. Diesen kann man am besten mit der Sirene eines Krankenwagens verdeutlichen, deren Klang heller erscheint, wenn dieser auf einen zukommt und andererseits tiefer
erklingt, wenn sich der Krankenwagen entfernt.

Wendet man dieses Phänomen auf Galaxien an, dann
müssten sich weiter entfernte Galaxien schneller von uns ent-
fernen als nähere. Lässt man diese Vorstellung in der Zeit
rückwärts laufen, müssten in einer fernen Vergangenheit (13,8

Milliarden Jahre) alle Galaxien in einem Punkt vereinigt gewesen sein, dem Urknall.

Wie bereits erwähnt, basiert diese Urknalltheorie auf zwei Säulen. Ich möchte Hubbles Messungen, die sehr, sehr gewissenhaft durchgeführt wurden, nicht in Frage stellen, aber es lohnt sich, über den Erfahrungssatz der Energieerhaltung intensiver nachzudenken. Im weiteren Verlauf dieses Essays werde ich noch genauer auf Emergenz eingehen. Diese ist die Herausbildung von neuen Eigenschaften oder Strukturen eines Systems infolge des Zusammenspiels seiner Elemente. Dabei lassen sich die emergenten Eigenschaften des Systems nicht – oder jedenfalls nicht offensichtlich – auf Eigenschaften der Elemente zurückführen, die diese isoliert aufweisen. Generell darf man nicht von Teilen auf das Ganze schließen und somit auch nicht den Energieerhaltungssatz, der zumindest in sehr guter Näherung für reproduzierbare Teilsysteme gültig ist auf das gesamte Universum extrapolieren.

Der Titel des Essays kann und soll irreführend sein. Es geht nicht um das Ende unseres Universums, sondern um das Ende einer fast dogmatischen Denkweise, insbesondere in der Physik, die anscheinend gar nicht in Betracht zieht, dass auch unser Universum evolutionären Richtlinien genügen kann und muss. Ein evolutionäres Universum schließt einen Urknall und all die hochkomplizierten mathematischen Modelle aus. Mit Mathematik kann man einzelne komplexe Prozesse vereinfacht darstellen, aber nicht das Wesen der Evolution erfassen.

1 Glaube und Religion

Niemand irrt für sich allein.
Er verbreitet seinen Unsinn auch in seiner Umgebung.

Seneca

Am Anfang oder im Zentrum dieses wissenschaftlichen Essays steht eine Glaubensfrage: *Ist unser Universum einmalig oder reproduzierbar?* Eine Frage, die wir wissenschaftlich nicht beantworten können, die aber, wie wir sehen werden, für das Verständnis unseres Universums von ausschlaggebender Bedeutung ist.

Wolfgang Stegmüller formulierte das sehr treffend: *Eine Selbstgarantie des menschlichen Denkens ist, auf welchem Gebiet auch immer, ausgeschlossen. Man kann nicht vollkommen voraussetzungslos ein positives Resultat gewinnen. **Man muss bereits an etwas glauben, um etwas anderes rechtfertigen zu können.***

Unser Denken besteht im Prinzip aus **Zirkelschlüssen**. Um nicht in unserer eigenen Gedankenwelt gefangen zu sein, sind wir gezwungen, die implizierten Voraussetzungen von Zeit zu Zeit zu überprüfen!

Schon seit Urzeiten hat sich die Menschheit mit den Fragen beschäftigt **Warum gibt es unsere Welt?** und **Wie entstand unsere Welt?** Man könnte die Beschäftigung mit diesen Fragen als Religion bezeichnen. Trotz intensivster Bemühungen und durchaus bemerkenswerten Erklärungen sind wir im Grunde genommen aber einer Antwort kaum näher gekommen.

9

Hier stellt sich natürlich sofort die Frage: **Was ist Religion?** Ich bin kein Theologe, aber zu diesem Thema gibt es wohl mehr Literatur, als ein Mensch in seinem Leben lesen könnte. Deshalb möchte ich die drei für mich wichtigsten Aufgaben der Religion präzisieren. Folgen wir der Geschichte des Menschen, der anfangs in kleinen Gruppen lebte, die sich dann zu Stämmen vereinigten, zu Völkern, bis hin zu einer möglichen Globalisierung, dann muss Religion in der Lage sein, diese Entwicklung zu begleiten.

Für den Einzelnen ist die Suche nach Halt und Sicherheit und Hilfe bei Schicksalsschlägen wohl am wichtigsten. Für Gruppen, Stämme und Völker muss Religion zudem eine Ideologie, Ethik, Moral und Rituale zur Verfügung stellen, die den Zusammenhalt dieser Gemeinschaften ermöglichen, fördern und verbessern. Wenn man zu einer Gemeinschaft dazu gehören möchte, muss man deren Regeln kennen, achten und befolgen. Ich benutze bewusst den Begriff *Regeln* und nicht *Gesetze* oder *Gebote*, denn nach meiner Definition sind Gesetze starr, Regeln dagegen flexibel.

Erfahrungsgemäß ist unser Verhalten in Kleingruppen anders ist als in großen Gemeinschaften, wo ein hohes Maß an Anonymität gegeben ist. Die jeweiligen Regeln ergeben sich durch Anpassung, sind aber jeweils von Menschen ersonnen und modifiziert worden. Damit diese Regeln von allen Mitgliedern einer Gemeinschaft befolgt werden, müssen diese in irgendeiner Form dahingehend beeinflusst werden.

Um Menschen zu beeinflussen, stehen diverse Möglichkeiten bereit: ***Überzeugen, Erziehen, Manipulieren, Brainwashing*** *(das neudeutsche Wort für Gehirnwäsche)* etc. Obwohl alle im Grunde genommen die gleiche Zielsetzung verfolgen, haben sie in unserem Sprachverständnis dennoch unterschiedliche Wertungen. Ich liebe den Begriff ***Manipulation***, weil er so vielschichtig ist und ihm immer ein Makel des Bösen anhaftet. Dabei wollen wir doch alle unsere Mitmenschen manipulieren. Mit jeder Diskussion, jedem Vortrag oder Buch wollen wir unsere Mitmenschen mit unserem Gedankengut infiltrieren und werden mit deren Gedankengut selbst überschüttet. Ich nehme für mich selbst in Anspruch, für neue Ideen offen zu sein, ohne diese unbedingt in mein Repertoire übernehmen zu müssen.

Später werde ich noch auf die Auswirkungen früherer religiöser Manipulationen auf die modernen Wissenschaften zurückkommen. Für uns alle hat Religion aber noch eine dritte Aufgabe, nämlich im weitesten Sinne das Unerklärliche zu erklären. Was zunächst einmal ganz trivial klingt, hat aber für unser Denken weitreichende gravierende Folgen (gehabt).

Unser Sprachgebrauch lässt einige Schlüsse zu, denken wir nur an die Begriffe *Gott* oder *Jenseits*. Wenn wir ehrlich sind, müssen wir zugeben, dass wir keine exakte Vorstellung haben, was wir damit meinen. Genau genommen sind diese Begriffe nur Pseudonyme für das Unerklärliche. Wir erklären etwas Unerklärliches mit etwas anderem Unerklärlichen!

Diese Vorgehensweise kann man, wie schon oben angedeutet, als Zirkelschluss bezeichnen. Genau an diesem Punkt kommt ein Automatismus zum tragen, wenn die ursprüngliche Annahme nicht mehr hinterfragt wird oder sich kaum noch hinterfragen lässt. Dieses Gedankengebäude ähnelt einer auf der Spitze stehenden Pyramide, auf der immer neue Stockwerke errichtet werden. Jedes Stockwerk basiert auf den Erkenntnissen des vorangegangenen Stockwerks. Dies entspricht genau einem **evolutionären** Prozess, einer Entwicklung vom Einfachen zum Komplexen.

Aber genau hier entspringt auch eine Problematik des menschlichen Denkens. Wir arbeiten alle im obersten Stockwerk und versuchen das nächste Stockwerk zu errichten. Irgendwie sind wir uns der Komplexität und Fragilität des gesamten Gebäudes bewusst, wir müssen Gleichgewichte berücksichtigen und sind stolz auf das bisher Erreichte. Um weiter bauen zu können und zu vermeiden, dass diese auf dem Kopf stehende Pyramide umkippt, müssen wir immer abstrusere und kompliziertere Verfahren und Mechanismen entwickeln und dürfen keinesfalls an den Grundannahmen rütteln! Aus Eigeninteresse schon gar nicht, wenn wir für unsere Hilfe am Bau des nächsten Stockwerks bezahlt werden, mit Geld, Ruhm, einer angesehenen Stellung oder gar einem Nobelpreis. Upton Sinclair hat das sehr treffend formuliert: *Es ist schwer, jemandem etwas begreiflich zu machen, wenn sein Gehalt darauf beruht, es nicht zu begreifen.*

Wie können wir uns aber frei machen von einem Gedankengut, dass uns von Beginn an durch unsere Erziehung geprägt hat? Warum sollte man seine Vorstellungen hinterfragen, wenn diese bisher sehr erfolgreich waren?

Einen Weg zeigt uns ein besseres Verständnis der Evolution selbst. Evolution ist zwar die Entwicklung vom Einfachen zum Komplexen, jedoch ist diese Entwicklung niemals geradlinig, sondern mit vielen Rückschritten übersät. Größere Komplexität bedeutet immer auch größere Instabilität. Jedes Kind, das mit einem Baukasten spielt, macht diese Erfahrung.

Wenn unser Denken evolutionär ist, dann macht es Sinn, ein paar Regeln und Grundideen einer Evolutionstheorie zu betrachten.

2 Evolution

Nichts ist so schwer, als sich nicht zu betrügen.

Ludwig Wittgenstein

Ein wesentliches Merkmal der Evolution ist die Tatsache, dass Evolution keinen Plan hat, kein Ziel verfolgt. Die einfache Aussage *‚Der Weg ist das Ziel'* beschreibt Evolution vielleicht am prägnantesten. Wohl deshalb haben wir so große Schwierigkeiten, uns mit dem Wesen der Evolution anzufreunden, weil unsere ganze Kulturgeschichte durch einen (oder mehrere) allmächtigen und allwissenden Gott geprägt ist. Dem Plan Gottes (oder der Götter) steht plötzlich eine planlose Evolution gegenüber. Wie kann man aber eine Welt verstehen, die keinen Plan hat, wie können wir Menschen, für die Planungen zum täglichen Grundrepertoire gehören, erklären, das auch eine Welt ohne Plan möglich ist?

Am einfachsten lässt sich Evolution erklären, wenn man sich diese als ein virtuelles Lebewesen vorstellt, nennen wir es einfach mal *Eva*, und uns fragen, welche Eigenschaften und Attribute wir *Eva* zuordnen können oder müssen. Da *Eva* ein Lebewesen ist, hat sie eine hervorstechende Aufgabe, am Leben zu bleiben, nicht auszusterben. Leben heißt leben, Leben will leben! Nicht auszusterben ist kein Ziel, sondern eine Aufgabe, eine ständige Herausforderung.

Eva muss also fit genug sein, allen Widrigkeiten ihrer Umwelt standzuhalten. Je vielfältiger sich ihre Umwelt darstellt, desto flexibler muss sie reagieren können. *Eva* befindet sich also in einem ständigen Wettbewerb mit ihrer Umgebung.

13

Damit haben wir bereites den ersten Baustein der Evolution gefunden: **Wettbewerb**.

Nun fängt die Sache an spannend zu werden, denn Wettbewerb per se ist bedeutungslos, wenn man nicht vergleichen kann. Wenn wir unsere Fitness überprüfen wollen, müssen wir uns selbst eine Aufgabe stellen und ausprobieren, wie gut wir diese bewältigen können. Um herauszufinden, ob ich heute besser oder schlechter bin als gestern, benötige ich ein Gedächtnis. Wettbewerb ohne irgendeine Form von Gedächtnis ist schlicht undenkbar oder sinnlos. Wettbewerb und Gedächtnis sind untrennbar miteinander verknüpft! Mehr Wettbewerb benötigt mehr Gedächtnis und umgekehrt ermöglicht mehr Gedächtnis mehr oder besseren Wettbewerb.

Jetzt kommt aber ein ganz entscheidender Punkt: mehr Gedächtnis bietet dem Wettbewerber aber auch einen Wettbewerbsvorteil! Es ist also für *Eva* erstrebenswert, ihr Gedächtnis zu verbessern, zu vergrößern. Dieser Prozess beinhaltet eine ganz klare Rückkopplung. Man kann sagen, dass sich das System eigentlich selbst erschafft, wofür der Begriff **Autopoiesis** (Selbsterschaffung) steht.

Wenn wir uns nun vorstellen, dass eine Informationseinheit eine Information speichern kann, dann müsste eine doppelte Informationseinheit zwei Informationen speichern können. Es ist für *Eva* also erstrebenswert, die Kooperation von Informationseinheiten zu größeren Informationsclustern zu erlauben, ja sogar zu fördern. Damit haben wir den zweiten Baustein der Evolution gefunden: **Kooperation**.

Kooperation hat nicht nur die Eigenschaft, das Gedächtnis zu verbessern, sie schafft noch mehr, sie erschafft Neues. Mit einem Bit kann ich 2 Zustände realisieren, mit einer 4-Bit-Konfiguration aber nicht 8, sondern 16 Zustände. Das Ganze ist mehr als die Summe seiner Teile und dieses ‚mehr' lässt sich als Emergenz verstehen, denn es entsteht infolge des Zusammenspiels seiner Elemente, in diesem Fall der einfachen Bits. Durch Kooperationen entsteht etwas Neues, das sich aus den Kooperationspartnern nicht erklären lässt. Aber *Eva* weiß das nicht, sie kennt keine Binäralgebra oder Emergenz, sie kennt keine Zukunft! Darauf komme ich im letzten Kapitel noch einmal ausführlich zurück.

Bei größeren Informationsclustern lässt sich sehr wohl zwischen dem Informationscluster, z B. 4 Bit und den Informationen oder Zuständen, in diesem Fall 16, unterscheiden. Bei einer einzelnen Information entfällt diese Unterscheidung, man kann nicht zwischen Information und Speicher differenzieren. Dies ist eine durchaus wichtige Feststellung, denn sie beantwortet die oft gestellte Frage: ,*Was war zuerst da, die Henne oder das Ei?*' Wenn man aber zwischen Information und Informationsspeicher differenzieren kann, dann ist das bereits ein Hinweis auf eine höhere Komplexitätsebene.

Aus Erfahrung weiß *Eva*, dass Leben endlich ist. Damit ihr Projekt nicht ausstirbt, muss sie möglichst viel Nachwuchs zeugen, der ihr Projekt fortführen kann. Die erste Möglichkeit besteht darin, sich selbst zu klonen, durch einfache Teilung der Informationscluster. Wenn diese die Größe von Zellen angenommen haben, spricht man von Zellteilung. Wäre diese Zellteilung absolut perfekt, würde sich nur die Anzahl der Zellen vermehren, aber nichts weiter. Wenn sich *Eva* entwickeln möchte, darf sie nicht perfekt sein. Evolution und Perfektion schließen einander aus! Es muss Mutationen geben. Die Reproduktion muss zwar sehr gut sein, sonst wäre sie keine Reproduktion, aber eben nicht perfekt, nicht 100%. Es muss kleinste Fehler geben, Ungenauigkeiten, die rein zufällig sind, unbestimmt. Damit haben wir den dritten Baustein der Evolution gefunden: **Unbestimmtheit**.

Unbestimmtheit resultiert aus zwei unterschiedlichen Ursachen, willkürlichen Kopierfehlern und Emergenz. Das Resultat dieser Unbestimmtheit ist eine wachsende Vielfalt und diese ist wahrscheinlich das beste Mittel gegen Aussterben. Wie lautet eine alte englische Weisheit? *‚Don't put all your eggs in the same basket!'* Diese Vielfalt beflügelt natürlich wieder den Wettbewerb und man bekommt ein besseres Verständnis für ihn. Wettbewerb dient nicht primär dem Gewinnen, sondern eher einer Standortbestimmung und der Verbesserung der Fitness.

Zusammenfassend lässt sich feststellen, dass *Eva* weiterleben, nicht aussterben möchte und dafür als beste Strategie die Vielfalt (nicht Monofalt) auserkoren hat. Um diese Vielfalt erfolgreich gestalten zu können, sind die gerade herausgearbeiteten drei Bausteine Bedingung: **Wettbewerb, Kooperation** und **Unbestimmtheit** (Zufall, Fehler, Emergenz).

Wenn Vielfalt tatsächlich das beste Mittel gegen Aussterben ist, dann sollten *Eva* alle Mittel und Wege recht sein, diese Vielfalt stärker zu vermehren als nur durch zufällige Kopierfehler und Kooperationen. Eine Möglichkeit dazu bietet sich, wenn die Informationscluster eine gewisse Mächtigkeit erreicht haben. Genügend große Informationseinheiten können dann (virtuell) in komplementäre Hälften geteilt werden, nennen wir sie positiv und negativ, männlich und weiblich oder These und Antithese. Wenn man nun die eine Komplementarität von A, B oder C mit der anderen Komplementarität von X, Y oder Z verbindet, ergeben sich ganz neue Dimensionen der Vielfalt.

Ich habe bewusst die Ähnlichkeit von Hegelscher Dialektik, geschlechtlicher Fortpflanzung und atomarer Polarität hervorgehoben, denn, auch wenn kulturelle, biologische und atomare (kosmische) Evolution in ganz unterschiedlichen Bereichen und Zeitrahmen stattfinden, sollte dennoch dieses evolutionäre Element deutlich werden.

Geschlechtliche Fortpflanzung hat sich erst vor ungefähr 600 Millionen Jahren entwickelt, obwohl biologisches Leben auf der Erde sicher mehr als 2,5 Milliarden Jahre zurück datiert (biologische Evolution).

Hegelsche Dialektik lässt sich auf jeden Fall bis zu den alten Griechen zurückverfolgen, wo die Kultur der Streitgespräche sehr ausgeprägt war. In den Anfängen der Sesshaftigkeit wurde erst ein Fundus von Informationen aufgebaut, an die Nachkommen weitergegeben und Stück für Stück vergrößert (kulturelle Evolution).

Wasserstoff ist vermutlich das erste Element, das eine positive und negative Ladung hat und somit die Urmutter des Elektromagnetismus, also der elektromagnetischen Strahlung. Wasserstoff ist also entstanden als das Universum zu leuchten begann. Astronomen glauben, dass die entferntesten Galaxien ca. 13,7 Milliarden Jahre entfernt sind. Davor war das Universum auf jeden Fall dunkel, was aber nicht heißen muss, dass es davor nicht existent war! (Atomare oder kosmische Evolution).

Friedrich Cramer hat in seinem Buch *Der Zeitbaum* bemerkt, dass die kulturelle Evolution um einen Faktor von mindestens 1 Million mal schneller ist als die biologische Evolution. Diese relative Langsamkeit der biologischen Evolution verhinderte ihre Entdeckung bis zur Mitte des 19. Jahrhunderts, denn erst dann war der Mensch in der Lage entsprechend lange Zeiträume zu überblicken.

Ohne die Arbeit Darwins schmälern zu wollen, waren vorher die Voraussetzungen für ein Verständnis der biologischen Evolution gar nicht gegeben. Durch die unzähligen Aufschlussbohrungen der Erdölindustrie, die alle von Geologen und Paläontologen begleitet werden sowie seismischen Untersuchungen und weiteren geologisch-wissenschaftlichen Probebohrungen, hat man inzwischen ein sehr gutes Bild der Erdkruste bis zu einem Alter von einigen hundert Millionen Jahren.

Wenn nun die atomare Evolution auch um etwa denselben oder sogar noch einen größeren Faktor langsamer sein sollte als die biologische Evolution, dann wird schnell deutlich, warum Wissenschaftler (Physiker) gerne von ehernen, unveränderlichen Naturgesetzen ausgehen. Eine so langsame Änderung ist in der Tat mit irdischen Experimenten praktisch nicht nachweisbar und Anhaltspunkte dafür kann wohl nur unser Universum als Ganzes liefern.

Bevor wir uns diesen Fragen zuwenden können, müssen wir uns zunächst mit dem ganzen Komplex von Wahrnehmung, Information, Wirkung und Kommunikation beschäftigen.

3 Wahrnehmung

Es ist viel einfacher etwas wahrzunehmen,
als zu wissen, was man wahrnimmt.

Modifiziert nach Unbekannt

Wahrnehmung (auch Perzeption) ist der Prozess und das Ergebnis der Informationsgewinnung und -verarbeitung von Reizen aus der Umwelt und dem Körperinneren eines Lebewesens. Grundsätzlich unterscheidet man zwischen der Extero- und der Interozeption. Die Wahrnehmung der Außenwelt bezieht sich insbesondere auf die fünf Sinne Riechen, Sehen, Hören, Schmecken und Fühlen. Wahrscheinlich muss man aber auch noch den Gleichgewichtssinn (Gravitation), Temperatursinn und Magnetsinn zu der Exterozeption hinzurechnen. Die Wissenschaft geht heute von 14 bis 20 Sinnen aus, ist sich also nicht einig, was als Sinn betrachtet werden kann oder muss.

Informationsgewinnung lässt sich auch als Kommunikation betrachten, denn das eine Etwas empfängt eine Information, die von einem anderen Etwas ausgesendet wurde. Da die Informationsgewinnung zudem etwas bewirkt, andernfalls wäre es keine Wahrnehmung, muss also eine Äquivalenz zwischen Information und Wirkung bestehen. Die Begriffe Wahrnehmung, Wirkung – Information und Kommunikation sind also ganz eng miteinander verknüpft und ich werde sie auch fast synonym verwenden. Diese kurze Erläuterung ist allerdings notwendig, um meine Vorstellung vom Universum verständlich zu machen. Mein Universum ist die Gesamtheit alles dessen, was ich wahrnehmen kann oder möglicherweise könnte.

Mehrere – oder auch nur ein – Paralleluniversen, mit denen man nicht kommunizieren kann, über die man nichts wissen <u>kann</u>, also ein rein hypothetisches Jenseits ist nur spekulativ und letztlich absurd. Wenn unser eigenes Universum noch so viele Geheimnisse birgt, was macht es dann für einen Sinn, über Universen nachzudenken, die wir niemals wahrnehmen können werden??? Selbst wenn man an Seelen und Seelenwanderung glaubt, warum sollten diese Seelen unser Universum verlassen? Ein Paralleluniversum ist dadurch definiert, dass wir mit ihm nicht kommunizieren können, dass wir es nicht wahrnehmen können, d.h., dass es für uns <u>nicht</u> existiert.

Die Multiversen-Theorie hat einen ganz banalen Ursprung. Als sich Physiker mit unseren sogenannten Naturkonstanten und deren Feinabstimmung beschäftigten, errechneten sie für dieses Zusammentreffen eine Wahrscheinlichkeit von ca. 10^{-59}. Um es gelinde auszudrücken, ist das sehr, sehr unwahrscheinlich. Da aber Evolution, für die diese Unwahrscheinlichkeiten eher die Regel sind, nicht in ihrem Repertoire vorhanden war, musste eine andere Erklärung her. Und die war denkbar einfach. Wenn es nämlich ca. 10^{60} Universen gäbe, dann könnte auch eins wie das unsere dabei sein – Heureka!!!

Ich hoffe, sie erwarten nicht von mir diese Findung – Heureka bedeutet ja: ich habe es gefunden – zu kommentieren. Statt zu polemisieren möchte ich nur auf das Buch von Richard Dawkins ‚*Der Gipfel des Unwahrscheinlichen (Climbing Mount Improbable)* verweisen. Evolution erklärt das Unwahrscheinliche.

Wir Menschen sind ein sehr spätes Produkt der Evolution und unsere Wahrnehmung, unsere Sinne wurden für ein Überleben in unserem Umfeld auf der Erde entwickelt. Riechen,

Schmecken und Tasten sind Nahsinne und auch das Hören ist erdgebunden, denn es benötigt ein Transportmedium. Somit bleibt für die ursprüngliche Wahrnehmung des Universums nur das Sehen, die Wahrnehmung von Licht. Nachdem die Wissenschaft erkannt hatte, dass Licht nur einen kleinen Ausschnitt des elektromagnetischen Spektrums ausmacht, wurde das Spektrum erweitert. Letztlich basieren aber alle Weltraumteleskope, Radioteleskope, Röntgenteleskope etc. auf dem Empfang elektromagnetischer Wellen, eine sehr einseitige Sicht! Für die zweite uns bekannte weitreichende Wechselwirkung, die Gravitation, existiert bislang keine Sensorik.

Wahrnehmung geschieht nun durch unbewusstes und manchmal bewusstes Filtern und Zusammenführen von Teilinformationen zu subjektiv sinnvollen Gesamteindrücken. Diese werden auch Perzepte genannt und laufend mit gespeicherten Vorstellungen (Konstrukten und Schemata) abgeglichen.

Da unser Gehirn eine begrenzte Kapazität hat, ist es einfach unmöglich, alle Sinneseindrücke zu verarbeiten. Um eine Reizüberflutung, einen data overflow, zu vermeiden, müssen wir unsere Sinneseindrücke filtern. Einfluss haben wir Menschen dabei auf eine bewusste Filterung, auch wenn wir uns dieser oft gar nicht gewahr werden. Wir wollen eigentlich nur wahrnehmen, was wir auch als vernünftig erachten. Wir nehmen zunächst das Unvernünftige durchaus wahr, versuchen es aber als nicht adäquat auszusortieren. Im Laufe der Zeit werden wir so konditioniert, auf vielfältige Weise, durch unsere Erziehung, durch unsere Umwelt, durch die Gesellschaft, in der wir funktionieren müssen. Wir verlernen unsere berechtigten Zweifel, erkennen nicht mehr unsere eigenen Scheuklappen, we are living in a box!

Wenn unsere Scheuklappen dann auch noch von all den anderen, die diese auch tragen (schließlich hat man sich ja im

Konsens auf diese geeinigt), bestätigt werden, dann beginnt der nächste Prozess. Diese Scheuklappen, die anscheinend Allgemeingut sind, müssen nun bestätigt werden, ihre Rechtmäßigkeit muss bewiesen werden. Und da sind wir wieder bei Glaube und Religion. Der Grund ist plausibel. Als Agnostiker ist man Einzelkämpfer. In dem Moment, in dem man andere von seinen Zweifeln überzeugt, wird der Zweifel zu einer neuen Bewegung, einer neuen Ideologie oder zu einer neuen Sekte. Die Grundvoraussetzung für einen Agnostiker ist es, keine Dogmen zu akzeptieren. Jesus und Buddha waren nicht dogmatisch, im Gegenteil, sie waren eindeutig Pragmatiker. Erst ihre Nachfolger wollten ihre Lehren institutionalisieren und wurden folglich dogmatisch.

Als diese dogmatisierten Lehren überhand nahmen und Erklärungen immer abstruser wurden, entwickelten sich als Gegenpol die Wissenschaften. Für die Wissenschaften war es notwendig, dass Aussagen nachvollziehbar sein müssen, nicht nur in ihrem Denkansatz, sondern auch experimentell. Wenn ein Wissenschaftler eine Entdeckung gemacht hat, muss diese auch von anderen Wissenschaftlern nachvollzogen, bestätigt und reproduziert werden können. Das ist eine ganz klare und überzeugende Forderung, so definiert sich Wissenschaft.

Aber, und hier kommt das Dilemma, diese Forderung ist eindeutig ein Filter, den man der Wahrnehmung vorsetzt. Es ist extrem wichtig, sich dieser Tatsache bewusst zu sein. Wenn man ganz speziell den Bereich der Physik betrachtet, was bedeutet dann Reproduzierbarkeit?

Um ein Experiment eindeutig reproduzieren zu können, müssen Rahmenbedingungen vorgegeben sein, die sich während des Experiments nicht ändern dürfen. Man schafft einen Rahmen, durch den nichts rein oder raus kann und darf und beobachtet nur die Veränderungen innerhalb dieses Rahmens.

Das bedeutet aber im Klartext, dass Reproduzierbarkeit Energieerhaltung impliziert. Wenn man also mit reproduzierbaren Experimenten den Energieerhaltungssatz nicht widerlegen kann, dann ist Energieerhaltung eben kein Naturgesetz oder Dogma, sondern lediglich eine Folge der getroffenen Auswahl, des verwendeten Filters!

Zudem widerspricht Energieerhaltung der evolutionären Unbestimmtheit. Wenn man nun aber den Energieerhaltungssatz auf unser Universum anwendet, dann muss im Umkehrschluss unser Universum auch reproduzierbar sein. Nichts anderes besagt eigentlich die Urknall- und Multiversentheorie, denn wo es einen Urknall gibt, da muss es auch mehrere Urknäller geben.

Damit sind wir aber wieder bei der Glaubensfrage des 1. Kapitels: *Ist unser Universum einmalig oder reproduzierbar?* Da mir persönlich keine anderen Wahrnehmungen bekannt sind, plädiere ich selbstverständlich für ein einmaliges evolutionäres Universum! Das bedeutet aber wiederum, dass man Energieerhaltung nicht für das gesamte Universum voraussetzen darf.

Wenn man nun die Hubblesche Rotverschiebung als das betrachtet, was sie eigentlich zu sein scheint, eine Energieverschiebung der elektromagnetischen Strahlung oder ganz allgemein als Energieänderung unseres Universums, dann lässt sich daraus eine Energiezunahme unseres Universums von ca. 0,5% pro 1 Milliarde Jahre ableiten (s. G. Hiller: *Information und Kosmos* und *Evolution 3.0*). Eine solche Energieänderung würde sich bei physikalischen Experimenten, deren Dauer sich eher im Stundenbereich befindet etwa in der 13. oder 14. Nachkommastelle bemerkbar machen. Von derartigen Messgenauigkeiten werden Physiker aber noch lange träumen. Daraus ließe sich schließen, dass Energieerhaltung für physikalische, erdnahe Experimente durchaus anwendbar ist, aber vermutlich nicht für unser Universum als Ganzes.

Wenn nun aber Energieerhaltung für unser Universum nicht gilt, dann kann und darf dieses keinen Rahmen haben. Ein evolutionäres Universum kann zwar endlich sein, aber es ist offen, genauso wie unsere Biologie oder Kultur. Unser Wissen ist zwar endlich, aber offen, wie es schon Kurt Gödel 1931 mit seinem Unbestimmtheitssatz für die Logik bewiesen hat. Das gleiche gilt natürlich auch für das biologische Leben auf der Erde. Die Menge des biologischen Lebens ist endlich, aber die Entwicklung ist offen und nicht reproduzierbar. Es kann durchaus immer wieder ähnliche Entwicklungen geben, da sich die Grundregeln der Evolution nicht ändern, aber ähnlich und reproduzierbar sind zweierlei.

Die Vorstellung eines evolutionären Universums bricht praktisch mit allem, was insbesondere Physiker und Theologen im Laufe der Jahrhunderte erdacht haben. Für Physiker ist das vielleicht nicht ganz so dramatisch, denn Physiker denken in Modellen und sind es gewöhnt auch liebgewonnene Modelle bei Bedarf über Bord werfen zu müssen. Allerdings geht es in diesem Fall um mehr als nur ein Modell.

Wenn man bedenkt, dass sich unsere Kultur praktisch aus dem Nichts heraus entwickelt hat, dass biologisches Leben aus kleinsten Keimen entstanden ist, dann sollte die Vorstellung, dass unser Universum auch irgendwann einmal mit minimalsten Informationen und Kommunikationen begonnen haben kann, nicht mehr ganz so unwirklich erscheinen. Möchte man erklären, wie ein Universum aus dem Nichts entstanden sein kann, muss man sich erst einmal mit dem Nichts beschäftigen.

Wie ich bereits in meinem Buch *Evolution 3.0* dargelegt habe, können wir uns das Nichts nicht vorstellen. Alles was wir uns vorstellen können, ist ***Etwas***. Da hilft es auch nicht, wenn

24

ich sage, dass das Nichts wie ein leerer Raum ohne Raum ist. Allein diese Aussage zeigt schon, wie stark unsere Vorstellungskraft räumlich geprägt ist, aber eben durch den für uns sichtbaren dreidimensionalen ‚räumlichen' Raum. Das führt natürlich zu einer enormen Dominanz einer einzigen Wahrnehmungsform, dem Sehen. Eine ganz andere Sichtweise hat mir persönlich bei der Vorstellung des Nichts sehr geholfen.

Stellen sie sich vor, die Informationsgeschwindigkeit wäre unendlich. In diesem Fall würden sie alle möglichen und denkbaren Informationen gleichzeitig erhalten, Zeit und Entfernung wären nicht vorhanden bzw. überhaupt nicht definiert. Sie wüssten nicht, wie groß das Universum ist und auch nicht, wie spät es ist. Sie hätten keine Orientierung und würden letztlich gar nichts wahrnehmen, weil wahrscheinlich für jede Wahrnehmung auch ihr Gegenteil existiert. Sie könnten den Ort, wo sie sich befinden, als den *‚Raum der Möglichkeiten'* betrachten, alles ist möglich, aber nichts ist real. Dieser **Raum der Möglichkeiten** ist dem Nichts absolut äquivalent.

Um weniger abstrakt zu sein und unserer Wahrnehmung mehr zu entsprechen, wähle ich ein anderes Beispiel. Stellen sie sich vor, sie befänden sich mitten in einer künstlichen Stadt, in der alle Häuser exakt gleich wären und keine Straßenschilder existierten. Könnten sie sich orientieren? – Ich glaube kaum! Für unsere Orientierung, für unsere Wahrnehmung benötigen wir Asymmetrien. Asymmetrien machen uns glücklich und geben uns Orientierung. Ein Grundpfeiler der Wahrnehmung ist Asymmetrie und die Asymmetrie der Zeit ist ihre Irreversibilität.

Die Natur produziert keine Symmetrien, Evolution ist asymmetrisch und irreversibel und daher vermutlich auch unser Universum. Man sollte deshalb mathematische Modelle unseres Universum mit Vorbehalt und der allergrößten Vorsicht betrachten, denn schon bei der Quadratur der Zeit beispielsweise geht deren Irreversibilität verloren, also auch bei Einsteins vielgerühmter Raumzeit.

Der zuvor beschriebene Raum der Möglichkeiten besitzt eine vollkommene Symmetrie, ist daher nicht wahrnehmbar und dem Nichts folglich äquivalent. Ein wahrnehmbares Universum zeichnet sich demnach dadurch aus, dass es endliche Informationsgeschwindigkeiten besitzt, asymmetrisch und in der Zeit irreversibel ist. Zudem muss ein wahrnehmbares Universum eine endliche Zahl von Dimensionen haben, je kleiner, desto besser, schließlich beginnt Evolution sehr einfach.

4 Masse, Trägheit und die Illusion des Raums

Die Teilchen- und Hochenergiephysik
sind wohl emergente Phänomene,
die mit falschen Regeln arbeiten.

Günter Hiller

Masse ist, obwohl wir täglich Umgang mit ihr haben, physikalisch nicht wirklich verstanden. Teilchenphysiktheoretiker, die am liebsten jedem physikalischen Phänomen ein Teilchen zuordnen wollen, sehen das Higgs-Teilchen für Masse verantwortlich und suchen am CERN fieberhaft danach. Erst kürzlich wurde ein Erfolg vermeldet. Man hat bei 3 Billiarden(!) Ereignissen, die am CERN erzeugt wurden tatsächlich ein Ereignis gefunden, dass auf das Higgs-Teilchen hinweist. Die wissenschaftliche Welt ist in Aufregung und ich auch, aber bestimmt nicht aus dem gleichen Grund!

Das Teilchenmodell der Physik gibt zwar halbwegs akzeptable Ergebnisse, aber es ist nicht schlüssig und es ist fast beliebig. Inzwischen umfasst der Teilchenzoo weit über 20 Teilchen, jedes mit seinen eigenen Konstanten und wenn das nicht reicht, wird einfach ein neues Teilchen kreiert, mit neuen Konstanten. Nur gibt es für diese Konstanten keine Begründung oder Herleitung, sie werden einfach so angepasst, dass das Ergebnis stimmt. Wahrscheinlich haben sich einige Physiker zu lange mit dem Bankwesen und deren Bilanzen beschäftigt.

Nach meinen Vorstellungen ist Materie, sind Teilchen nichts anderes als Informationsspeicher. So wie wir unsere Erkenntnisse aufschreiben, in Büchern, oder auf Festplatten aufbewahren oder in Stein meißeln wie beispielsweise beim Rosetta-Stein, so wie das biologische Leben seine Informationen in DNA-Ketten speichert, so speichert das Universum seine Informationen als Materie.

Die Art der Speicherung muss der jeweiligen Evolutionsgeschwindigkeit angepasst sein und da eine atomare (oder kosmische) Evolution erheblich langsamer ist als die biologische, muss also auch die atomare Speicherung sehr viel langlebiger sein als eine biologische. Um eine atomare Evolution zu verstehen, müssen wir wahrscheinlich nicht in Millionen Jahren denken, sondern in Billionen Jahren! Das ist ein ganz anderes Kaliber. Obwohl ich aus der Erdölindustrie gewöhnt bin, in Millionen Jahren zu denken, ist dieser Schritt schon eine echte und gewaltige Herausforderung. Anscheinend wohl auch für die meisten Physiker, denn die sind mit nur 13,8 Milliarden Jahren absolut glücklich!

Wie lässt sich nun aber Masse mit Informationen erklären? Aus der Physik wissen wir, dass Masse Trägheit besitzt, je größer die Masse, desto größer die Trägheit und größere Trägheit wiederum erfordert eine größere Kraft, um diese Masse zu bewegen. Wenn als Kraft nur die sehr, sehr schwache Gravitation existiert, dann hängt die maximale Geschwindigkeit von Informationen folglich von ihrer Trägheit ab. Größere Trägheit hat eine kleinere Informationsgeschwindigkeit zur Folge und nur wenn keine Trägheit vorhanden ist, kann die Informationsgeschwindigkeit unendlich sein. Dann handelt es sich aber nicht mehr um eine wahrnehmbare Information, sondern nur noch um eine Möglichkeit.

Wie gesehen, hat dieser Raum der Möglichkeiten keine Dimensionen, keine Zeit und keine Entfernungen. Die Dimension und die Ausdehnung dieses Raums könnte null oder unendlich sein, beides ist äquivalent, aber sie dürfen keinen endlichen Wert zwischen null und unendlich besitzen. Null und Unendlich sind die beiden Extreme jenseits der Wahrnehmung oder Vorstellung und deshalb für uns nicht unterscheidbar.

Man muss aufpassen, dass man nicht mathematische und physikalische Begriffe verwechselt. Ein mathematischer Zahlenwert ist ohne einen Bezug wertlos, bedeutungslos. Wenn ich 3 Bananen habe und anschließend 3 Bananen esse, habe ich 0 Bananen, aber diese Zahlen beziehen sich in diesem Fall auf Bananen und nichts anderes. Auch wenn man noch so verliebt ist in die Mathematik und sie sogar als göttlich bezeichnet, darf man nie vergessen, dass Mathematik eine Kunstwissenschaft ist, die von Menschen erdacht worden ist, um schneller zu Ergebnissen zu kommen, aber letztlich keinen Bezug zur Evolution hat.

Damit sich nun Informationen gegenseitig wahrnehmen können, also miteinander kommunizieren können, müssen sie eine endliche Ausbreitungsgeschwindigkeit besitzen, sie müssen also träge sein und nach obiger Äquivalenz Masse haben. Diese anfänglichen Geschwindigkeiten können weitaus größer sein als die Lichtgeschwindigkeit. Darauf komme ich später noch zurück.

Informationen haben wegen ihrer Asymmetrie, wegen ihrer endlichen Ausbreitungsgeschwindigkeit, eine begrenzte Lebensdauer und Kommunikation ist daher für sie nur in einem begrenzten Zeitfenster möglich. Wenn endliche Geschwindigkeiten existieren, muss es auch Zeit geben, aber eine ganz originäre Zeit, die mit unserem heutigen Zeitbegriff nicht gleichzusetzen ist. Es muss auch eine Form von Raum vorhanden sein. Wären die Informationen im selben Punkt, wäre eine endliche Informationsgeschwindigkeit unnötig. Dieser Raum wird einzig durch die Informationen selbst aufgespannt und Entfernungen sind überhaupt nicht definiert, da es keine genormte Informationsgeschwindigkeit gibt. Je nach Trägheit kann man zwischen großen und kleinen und entsprechend langsamen oder schnellen Informationen unterscheiden.

Wenn eine Information eine andere Information empfängt, lässt sich nicht sagen, woher diese kommt, weder die Richtung noch der Abstand. Solange Raumdimensionen nicht festgelegt sind und Geschwindigkeiten nicht genormt sind, ist der Raum eine Art Illusion und eine empfangende Information könnte jeder empfangenen Information eine Raumdimension zuordnen. Wenn wir heute ganz andere Vorstellungen von Raum und Zeit haben, sollte sich das auch evolutionär erklären lassen.

5 Das evolutionäre Universum

Die Welt ist ein lebendiges Wesen.

Paracelsus

Wenn für alle Informationen die Regeln der Evolution gelten, dann müssen auch Kooperationen von Informationen möglich sein und diese Kooperationen sind natürlich größer und langsamer als ihre Bestandteile. Damit Kooperationen entstehen können, bedarf es einer gewissen Affinität ihrer Partner, einer Anziehung, aber einer nur sehr, sehr kleinen Anziehung, schließlich besitzen diese Informationen zunächst nur eine ganz minimale Trägheit. Ein Kandidat für diese Anziehung ist natürlich die Gravitation, deren Größenordnung diese Vermutung durchaus nahe legt.

Gravitation in seiner ursprünglichen Form ist also ein Maß für die Affinität von Informationen, ein Maß für ihre Kooperationsbereitschaft. Informationen kooperieren zu Ideen und so entsteht langsam ein Raum der Ideen. Je komplexer diese Ideen werden, desto mehr Trägheit besitzen sie und desto langsamer ist deren Ausbreitungsgeschwindigkeit. Diese Vorstellung macht Sinn, denn es dauert länger eine komplexe Idee aufzunehmen, zu verstehen als eine einfache.

Ich glaube nicht, dass es verkehrt ist, unser Universum umgangssprachlich zu erklären und zu beschreiben. Da wir selber Geschöpfe der Evolution sind, müssen wir eigentlich Evolution sehr gut verstehen. Ein einzigartiges asymmetrisches Universum kommt unseren Vorstellungen, unserer Orientierung sehr zu gute. Symmetrien, Gleichgewichte und Gleichungen sind uns erst durch die Mathematik richtig bewusst geworden, weil sie sich einfacher berechnen lassen und nicht wegen ihrer größeren Naturnähe. Die Natur hat nicht das Rad erfunden und als der Mensch das Rad erfand, musste er die Natur dem Rad anpassen. Das ist zwar hilfreich, aber ich finde, dass die Natur durch die Autobahnen nicht schöner geworden ist.

Mit der Kooperation von Informationen zu Ideen kommen nun Dimensionen zum Tragen. Die einfachste Form ist natürlich eine eindimensionale Kette. Wenn nun aber eine Idee, mit Idee bezeichne ich eine Kooperation von Informationen, neue Informationen aufnehmen möchte, diese verarbeiten und verarbeitete Informationen auch wieder abgeben möchte, dann sind drei Dimensionen das Minimum. Eine zweidimensionale Anordnung mit durchgehendem Empfangs-, Bearbeitungs- und Ausgabetrakt würde dieses zweidimensionale Gebilde teilen.

Für eine dreidimensionale räumliche Struktur unseres Universums kommen zwei Gründe in Betracht. Zum einen sind wir Menschen, unsere Umwelt und unser Planet, auf dem wir leben dreidimensional und somit sind für unser eigenes Überleben mehr Dimensionen irrelevant. Die Zeit als vierte Dimension in Betracht zu ziehen, halte ich für sehr fragwürdig und eher als eine mathematische Spielerei, insbesondere wenn Zeit nur im Quadrat Berücksichtigung findet, wodurch ihre Irreversibilität verloren geht. Schließlich ist die Irreversibilität der Zeit ein zentrales Merkmal der Evolution.

Der zweite Grund für ein dreidimensionales Universum kann in einem Prinzip der Evolution begründet sein, möglichst einfache und dauerhafte Strukturen zu entwickeln. Wenn drei Dimensionen ausreichend sind, warum sollte die Evolution dann beispielsweise 11 Dimensionen erzeugen, um anschliessend 8 Dimensionen wieder einzuwickeln?

Die Frage ist nicht, ob es mehr als drei Dimensionen gibt, die Frage ist, warum es gerade drei räumliche Dimensionen gibt. In einem Phasenraum kann man jeder physikalischen Größe, die veränderlich ist, eine Dimension zuordnen. Beispiele sind Druck und Temperatur, für die sogar entsprechende Sinne zugeordnet werden können.

Zeit habe ich schon immer als ein Maß der Veränderung betrachtet. Eine neue Information verändert die Welt, möglicherweise kaum merklich, aber *neue* Ideen sind der Motor der Entwicklung, der Motor der Evolution. Wenn nun aber Veränderungen auch zufällig sind, dann muss auch Zeit eine zufällige Komponente haben. Aber genau diese zufällige Komponente der Zeit wird in physikalischen Experimenten, in der Physik ganz generell, ausgeklammert, denn der Zufall ist **nicht reproduzierbar**.

Ein dreidimensionaler Raum gibt den Informationen die Möglichkeit, mit vielen anderen Informationen direkt wechselwirken zu können, aber eben nicht mit **zu** vielen. Möglicherweise würden bei mehr Dimensionen die Strukturen viel zu unübersichtlich, aber das ist eine kaum beweisbare Vermutung. (Schaut man sich allerdings unser heutiges Bank- und Finanzwesen an, bei dem meiner Meinung nach keiner mehr durchblicken kann, weil es viel zu viele ‚Dimensionen' hat, kann man verstehen, warum sich die Natur, unser Universum, mit drei Dimensionen begnügte.)

In dem bisher von mir entwickelten Raum sind noch keine Entfernungen definiert, da es noch keine genormte Geschwindigkeit gibt. Informationsgeschwindigkeit ist abhängig von der Informationsgröße, der Wirkungsgröße. Ich hoffe, sie merken, wo die Reise hingehen soll. Sie kennen alle eine Geschwindigkeit, die durch feste Wirkungsquanten definiert ist, durch das

Planck'sche Wirkungsquantum h, nämlich die Lichtgeschwindigkeit c.

Bisher haben wir nur neutrale Informationen, die durch Gravitation zusammengehalten werden, z.B. Neutrinos oder größere Neutronen. Um noch größere Gebilde zu erzeugen und stabil zu haben, wird eine stärkere Kraft benötigt als die schwache Gravitation. Es ist wohl ein Prinzip der Evolution mit schwachen Wechselwirkungen zu beginnen und erst später stärkere Wechselwirkungen zu kreieren.

Mit der Kreation elektrischer Ladungen entsteht eine neue Kraft, der Elektromagnetismus, mit einer definierten Ausbreitungsgeschwindigkeit, da nur Informationen einer genormten Größe h kommuniziert werden. Zudem eröffnet sich die Möglichkeit komplexere Atome und später Moleküle zu generieren. Entscheidend ist aber, dass mit der Erschaffung des Wasserstoffatoms unser Universum zu leuchten begann, sichtbar wurde.

Wenn wir heute die am weitesten entfernten Galaxien mit einem Alter von über 13 Milliarden Jahren taxieren fällt diese Zeit wahrscheinlich mit der Entstehung des Wasserstoffs zusammen. Und da wohl auch heute noch ständig neue Informationen, neue Materie entsteht, zunächst dunkle Materie, ist unser Universum vermutlich voll mit dieser dunklen Materie. Die Erklärung der dunklen Materie in einem evolutionären Universum ist daher denkbar einfach.

Die Kreation elektrischer Ladungen muss evolutionäre Vorteile haben und die liegen auf der Hand, mehr Vielfalt und größere Stabilität. Aber Atome, die aus zwei oder mehreren Protonen bestehen, sind nicht ganz einfach zu verstehen, schließlich stoßen sich gleiche Ladungen ab. Allein um ein Heliumatom zu erzeugen, musste die Evolution einige Kunstgriffe anwenden. Wir wissen heute, dass sich Protonen gegenseitig abstoßen und diese Abstoßung ist umgekehrt proportional dem Quadrat des Abstands. Wenn also die zusammenhaltende Kraft nicht unendlich werden soll, müssen die Protonen einen gewissen Abstand voneinander haben und der wird wahrscheinlich von den Neutronen im Atomkern gewährleistet.

Wir wissen heute auch, dass ab dem Heliumatom aufwärts Atomkerne immer mindestens ebenso viele Neutronen enthalten wie Protonen. Genau genommen haben wir keinerlei Vorstellung vom Aussehen der Atomkerne, nur vage Anhaltspunkte. Wir wissen nicht, wie die Atomkerne zusammengehalten werden, wir stellen uns einfach eine Art Klebstoff vor, der etwas stärker ist als die Protonenabstoßung. Die Neutronen kann man sich dann als Abstandshalter vorstellen, die eine zu starke Abstoßung verhindern.

Wir wissen, dass das Bohr'sche Atommodell zwar einiges erklären kann, aber absolut nicht der Wirklichkeit entspricht, Das ist aber ein generelles Problem mit Modellen, wir vergessen manchmal, dass es nur Modelle sind, die gar nicht der Wirklichkeit entsprechen und sich dennoch in unseren Köpfen festsetzen. Diese wirken dann als Filter, den wir nicht mehr als solchen wahrnehmen, wir verwechseln das Bild der Welt in unserem Kopf mit der wirklichen Welt, von der wir viel weniger wahrnehmen als wir glauben.

Ich habe gesagt, dass der Elektromagnetismus eine sehr späte Erscheinung in einem evolutionären Universum darstellt, vergleichbar mit der sexuellen Fortpflanzung in der biologischen Evolution. Um das richtig verstehen zu können, muss man sich klar sein, wie Evolution tatsächlich funktioniert. Wir erinnern uns alle an den altbekannten Spruch: *Hinterher weiß man alles besser.* Wir versuchen etwas Neues und sind von dem Ergebnis überrascht! Ich habe zuvor den Begriff *Emergenz* verwendet (das Ganze ist mehr als die Summe seiner Teile), aber dieses Verständnis von Emergenz ist noch gar nicht so alt und für die Evolution, die keine Zukunft kennt, im Grunde gar nicht fassbar.

Beginnen wir deshalb noch einmal von vorne, mit einzelnen Informationen und einer ganz schwachen Kooperationsbereitschaft, der Gravitation, die aber völlig genügend ist, da einzelne Informationen eine kaum wahrnehmbare Trägheit besitzen. Ich sagte, dass eine Information zwei Zustände realisieren kann (Binäralgebra). Ich nenne mal die Informationen A und die Zustände Z. Dann gilt A = 2Z. (Mit einem Schalter kann ich zwei Zustände realisieren, AN und AUS). Wenn ich zwei Informationen habe, dann gilt 2A = 4Z Wenn nun zwei Informationen zu AA kooperieren sollten, einer 2-Bit-Konfiguration, dann gilt aber auch AA = 4Z. Wenn es also um die Realisierung von Zuständen geht, hat AA zunächst keinen Wettbewerbsvorteil gegenüber 2A und Wettbewerb ist nun mal ein Grundpfeiler der Evolution. Erst bei einer weiteren Kooperation zu AAA entsteht ein Vorteil gegenüber 2A + A oder 3A. Heute wissen wir, das 3A = 6Z = 2A + A ist, während AAA = 8Z ist. Da der Evolution Binäralgebra nicht bekannt ist (sie kann nicht rechnen, sie kennt keine Zukunft, sie kennt nur Versuch und Irrtum), kann sie nicht wissen, dass eine 4-Bit-Konfiguration 16 Zustände realisieren kann, AAAA = 16Z. Wie gesagt, im Nachhinein ist man schlauer. Da nun aber AAAA einen klaren Wettbewerbsvorteil gegenüber allen anderen Kombinationen von vier A's hat, sollten sich im Laufe der Zeit größere Kooperationen durchsetzen. Zu beachten ist natürlich, dass Kooperationen nur entstehen können, wenn genügend Kooperationspartner zur Verfügung stehen.

Entscheidend ist dabei, dass Evolution solche Kooperationen und Wettbewerbsvorteile nicht vorausplanen kann. Wenn sie jedoch zufällig entstehen, z.B. durch Mutationen, dann können sie ihren Wettbewerbsvorteil natürlich geltend machen. Wie genau diese Kooperationen aussehen, wird uns noch lange Zeit verborgen sein, aber denkbar ist durchaus eine Form von Synchronisation, die keiner unmittelbaren Berührung bedarf.

Eins lässt sich aber bei Synchronisation, die ja auch eine Form von Kommunikation darstellt, schon feststellen, dass der Abstand der Synchronisationspartner zu der Informationsgeschwindigkeit passen muss. Ist die Informationsgeschwindigkeit hoch, können die Synchronisationspartner weiter voneinander entfernt sein als bei einer niederen Informationsgeschwindigkeit. Aus diesem Grund glaube ich auch nicht, dass der Elektromagnetismus für die Kommunikation zwischen weit entfernten Galaxien gedacht war, dazu ist die Lichtgeschwindigkeit zu klein. Dass wir heute weit entfernte Galaxien wahrnehmen können, halte ich eher für einen unbeabsichtigten Nebeneffekt (Evolution kennt keine Zukunft!).

Das gleiche gilt übrigens auch für die Gravitation. Als die Gravitation ‚entstand', gab es nicht die riesigen Massen, die uns heute die Gravitation fühlen lassen. Was wir heute gerne als *eherne* Naturgesetze apostrophieren, sind wohl eher die Spätfolgen einer evolutionären Entwicklung, die im Frühstadium nicht absehbar waren.

Ein schönes Beispiel dafür ist unsere Sprache, die mit der Schallgeschwindigkeit in Luft übermittelt wird. Diese beträgt 333 m/s, d.h. der Schall braucht in Luft ca. 3 Sekunden für einen Kilometer. Stellen sie sich nur in Gedanken vor, dass der Schall eine beliebige Reichweite hätte und sie sich in Berlin mit ihrem Freund in Paris unterhalten wollten. Da der Abstand zwischen Berlin und Paris ungefähr 1000 km beträgt, würde eine Nachricht demnach 3000 Sekunden benötigen, das sind 50 Minuten. Selbst wenn es technisch machbar wäre, wäre es sehr nervenzehrend und bestimmt nicht wettbewerbsfähig. *Eva* würde diese Möglichkeit aussortieren!

Wenn nun Kooperationen genügend mächtig sind, also genug Gedächtnis entwickelt haben, um ihren eigenen Vorteil wahrnehmen zu können, dann muss es in ihrem Bestreben liegen, diese Kooperationsfähigkeit zu verbessern, also eine stärkere Bindung zu entwickeln, als es mit Gravitation alleine möglich wäre. Da sie aber keinen Plan hat, bleibt ihr dafür aber auch nur Versuch und Irrtum, trial and error!

Im Nachhinein lässt sich nur vermuten, dass Kooperationen der Größe von Neutronen (ein sehr, sehr langer Weg) die Möglichkeit einer Ladungstrennung gefunden haben. Warum die Evolution diese Ladungstrennung macht oder gemacht hat, lässt sich wohl kaum nachvollziehen, aber der evolutionäre Vorteil ist klar erkennbar.

So ein Prozess verdeutlicht, warum Evolution uns Menschen so rätselhaft erscheint. Wir sehen im Nachhinein nur die erfolgreichen Varianten, die unzähligen Fehlversuche bleiben uns verborgen. Aus diesem Grund erscheint unser Universum den meisten Physikern als so unwahrscheinlich (was es ja auch tatsächlich ist), vielleicht schon deshalb, weil sie auf Grund ihrer Erziehung hinter allem immer noch einen Plan Gottes vermuten. Verstärkt tritt das natürlich bei religiösen Fundamentalisten zu Tage, egal ob Juden, Christen oder Moslems, die auf Grund ihres geringen Wissensstands natürlich ihr Heil bei Jahwe, Gott oder Allah suchen müssen und deshalb ihren Verstand, ihr Denkvermögen fast ausschalten. Dabei ist es doch eigentlich der größte Frevel, eine Gabe, die uns verliehen ist, nicht zu benutzen!

Nun ist es aber durchaus legitim, die Zufälligkeit der Evolution, die Unvorhersehbarkeit einem Gott zuzuschreiben. Wenn wir den ‚Raum der Möglichkeiten' als Gott betrachten, dann Treffen all die Attribute zu, die wir gewöhnlich einem Gott zuweisen, denn dieser Raum der Möglichkeiten ist ‚unerschöpflich', ‚unermesslich', oder ‚unendlich', für uns Menschen einfach nicht zu begreifen! Dann ist aber die Evolution das Werkzeug Gottes, um eine reale Welt zu erschaffen und wir müssen Evolution verstehen, um unsere Welt zu verstehen!

Wenn wir die großen wissenschaftlichen Entdeckungen der Menschheit Revue passieren lassen, müssen wir feststellen, dass das Gros dieser Erkenntnisse rein zufällig war. Da man aber eine zufällige Entdeckung nicht mit einem großen Forschergeist vereinbaren kann, wird diese Zufälligkeit gerne verdrängt. Ich will nicht in Abrede stellen, dass viele weiterführende Überlegungen einfach genial sind, aber ich weiß aus eigener Erfahrung, dass man gerne das findet, was man sucht. Das Gehirn ist dann so konditioniert, dass man nur noch sieht, was man sehen will. Diese Problematik durchzieht die gesamte Menschheitsgeschichte. Wir wollen und wir müssen überzeugen und manipulieren. Wer aber selbst zweifelt kann nicht überzeugen, wer aber nicht mehr zweifelt, hört auf zu lernen. Aus diesem Grund soll und kann dieses Essay nicht überzeugen, aber es kann zum zweifeln anregen.

Grundlage meiner Überlegungen ist ein evolutionäres, endliches aber offenes Universum. Früher fuhren Seeleute aufs ‚offene Meer'. Das Ende des Meeres war nicht absehbar und es galt Neues zu entdecken. Vielleicht ist das eine schöne Analogie. Ich habe mal geschrieben: **Nichts ist Gott ist Unendlich**. Insofern ließe sich wohl das unendliche Nichts als das Ende eines endlichen und offenen Universums betrachten. Um das verstehen zu können, muss man allerdings von der sehr dominanten räumlichen Vorstellung Abstand nehmen und eine eher systemische Sichtweise einnehmen.

Früher suchten Wissenschaftler mathematische Lösungen für physikalische Probleme, heute suchen Wissenschaftler physikalische Realisierungen für mathematische Lösungen. Mathematik ist eine kulturelle Errungenschaft, ist eine Kunstform, die nur bedingt der Realität entspricht, vielleicht ähnlich dem Expressionismus oder Kubismus. Alles was denkbar ist, ist auch erlaubt. Aber nicht alles, was denkbar ist, ist auch in unserem Universum realisiert (zumindest noch nicht bis jetzt). Evolution kennt keine Zukunft, sie weiß nicht, was erfolgreich sein wird. Deshalb ist alles erlaubt, was machbar ist. Je mehr Wettbewerber im Rennen sind desto interessanter ist der Wettbewerb und umso größer ist die Erfolgswahrscheinlichkeit.

Evolution als Entwicklung vom Einfachen zum Komplexen lässt sich als Pyramide vorstellen mit dem Einfachen als Basis und dem Komplexesten an der Spitze. Damit diese Pyramide stabil bleibt, muss bei jeder Erhöhung der Spitzenkomplexität auch die Basis verbreitert werden. Nur eine jeweils stabile Ebene ermöglicht die nächste Ausbaustufe. Sollte diese versagen oder zu instabil sein, kann man von der vorhandenen stabilen Ebene einen neuen Versuch starten. Eine stabile Evolution ist dadurch sehr langsam.

Aus dem bisher gesagten kann man die einfachste Vorstellung von Evolution ableiten: *Evolution ist die Bewährungsprobe der Möglichkeiten.* Was sich bewährt, bleibt erhalten, was sich nicht bewährt, vergeht. Da Kooperationen wegen ihrer Emergenz Bewährungsvorteile haben, ergibt sich eine Entwicklung vom Einfachen zum Komplexen. Da alles möglich ist, das Mögliche folglich unbestimmt ist und man Bewährung als Wettbewerb ansehen kann, enthält diese einfache Formulierung die wesentlichen Merkmale der Evolution: Unbestimmtheit, Wettbewerb und Kooperation.

40

Epilog

Ein evolutionäres Universum, so wie ich es dargestellt habe, darf man sich nicht nur als Raum vorstellen, wie wir es im allgemeinen tun, sondern als ein System, vielleicht das allumfassende System aus Informationen und Materie, die im Raum angeordnet sind und sich in der Zeit verändern oder entwickeln. Dieses System ist vergleichbar dem biologischen System der Zellen und Lebewesen oder dem kulturellen System der Ideen und Kulturen. Der Raum der Ideen und Kulturen ist ein virtueller Raum in unseren Köpfen, den biologischen Raum beschränken wir derzeit noch auf den Lebensraum Erde, werden ihn in Zukunft aber vermutlich noch weiter fassen müssen.

Bei der Kultur und der Biologie ist inzwischen klar geworden, dass es sich dabei um offene Systeme handelt. Bei unserem Universum ist diese Akzeptanz bisher eher marginal. Deshalb habe ich die wichtigsten Punkte und Gründe für offene Systeme noch einmal zusammengestellt.

1 Offene Systeme

Wir kennen bereits zwei evolutionäre Systeme, unsere Kultur und die Biologie. Beide Systeme sind offen und nicht reproduzierbar. Das Leben und unsere Kultur haben sich entwickelt, haben immer neue Formen hervorgebracht. Wir sollten daher eine Evolution des Kosmos nicht ausschließen (kosmische oder atomare Evolution) und unser Universum auch als offenes System betrachten.

Eine offene Kultur, wie sie bereits 1931 von Kurt Gödel für die mathematische Logik bewiesen wurde, basiert auf einer offenen biologischen Evolution. Mir scheint es nur normal, dass einer offenen Biologie oder Kultur auch ein offenes Universum zu Grunde liegen muss, schließlich besteht eine Wechselwirkung zwischen jedem System und seiner Umwelt. Das impliziert aber, dass sich auch die Umwelt ändern <u>muss</u>!

2 Keine Energieerhaltung

Die Urknalltheorie basiert auf zwei Säulen, der Hubbleschen Rotverschiebung und dem Erfahrungssatz der Energieerhaltung. Wegen dieser Energieerhaltung wird die Rotverschiebung mit dem Doppler-Effekt erklärt. Energieerhaltung ist aber eine direkte Folge der wissenschaftlichen Forderung nach Reproduzierbarkeit. Eine wissenschaftliche Entdeckung gilt nur als gesichert, wenn sie nachvollziehbar und exakt reproduzierbar ist. Ein legitimes Anliegen der Wissenschaft als Gegenpol zur modernen Religion, die das nicht erfüllen kann bzw. sogar ausschließt (Glaube).

Ich behaupte, dass exakte Reproduzierbarkeit die Energie-erhaltung impliziert, weil man dafür Rahmenbedingungen, einen Rahmen und somit ein quasi geschlossenes System benötigt. In quasi geschlossenen Systemen muss aber die Energieerhaltung gewährleistet sein, das ist die Definition eines solchen Systems. Da man in der Physik nur exakt reproduzierbare Experimente als Ergebnis zulässt, darf man sich natürlich nicht wundern, dass man Energieerhaltung immer wieder bestätigt.

Physiker haben immer nur quasi geschlossene Systeme betrachtet, es ist für sie also nur normal, auch unser Universum als ein solches zu betrachten. Ich denke ein katastrophaler Fehlschluss, der letztlich zum Urknallmodell führte. Ich habe bewusst den Begriff *exakte Reproduzierbarkeit* gewählt, da Reproduktion in der biologischen Fortpflanzung eine andere Bedeutung hat als in der Physik.

Hier kommt ein generelles Problem unserer modernen Wissenschaften zum Tragen. Einzelne Wissenschaftszweige adoptieren Worte unserer Umgangssprache teilweise mit sehr unterschiedlichen Bedeutungen, Und da Wissenschaftler heute meist nicht mehr über den Tellerrand ihres Fachbereichs hinausblicken können, reden sie auch ständig aneinander vorbei (Informationsüberfluss, data overflow). Das gilt übrigens nicht nur für die Wissenschaften, die meisten Streitereien beruhen auf unterschiedlichen Auslegungen von Begriffen.

Wenn Biologen beispielsweise fordern, dass die Reproduktionsrate einer Art größer oder mindestens gleich 1 sein muss, damit die Art nicht ausstirbt, dann meinen sie eine andere Reproduktion als Physiker, die eine exakte Reproduzierbarkeit wissenschaftlicher Experimente einfordern, damit eine Erkenntnis gesichert ist.

Im Grunde genommen ist also der Erfahrungssatz der Energieerhaltung ein Zirkelschluss der nur beweist, was bereits indirekt vorausgesetzt wurde. Eine Tautologie!

Für Physiker ist Energieerhaltung aber ein Dogma, ein Heiligtum, an dem nicht gerüttelt werden darf, dabei könnte uns der Blick in die Fernen unseres Universums eines besseren belehren, wenn man die Hubblesche Rotverschiebung nur als das betrachtet, was sie eigentlich aussagt: Eine Änderung der Energie im Universum. Eine grobe Abschätzung ergäbe eine Energiezunahme von etwa 0,5% pro 1 Milliarde Jahre, eine Änderung, die sich bei typischen erdgebundenen Experimenten in der 13. oder 14. Nachkommastelle bemerkbar machen würde. Eine solche Messgenauigkeit ist auch in naher Zukunft nicht zu erwarten. Natürlich ist eine Energiezunahme nicht linear, sondern ähnelt einer e-Funktion. Nach Hubble war demnach die Energie unseres Universums vor 14 Milliarden Jahren um etwa 9% geringer als heute.

3 Zeitregimes

Friedrich Cramer zeigte in seinem Buch *Der Zeitbaum* auf, dass die kulturelle Evolution um etwa einen Faktor von 1 Million mal schneller ist als die biologische Evolution. Diese relative Langsamkeit der biologischen Evolution verhinderte auch deren Entdeckung bis zur Mitte des 19. Jahrhunderts. Erst dann waren der Menschheit Möglichkeiten gegeben, Zeiträume von einigen hundert Millionen Jahren zu überschauen.

Wenn nun eine kosmische Evolution nur um denselben Faktor langsamer ist als die biologische, dann müssen wir schon Zeiträume von einigen hundert Billionen Jahren überschauen können. Der weiteste Blick in unser Universum zu den entferntesten Galaxien beläuft sich derzeit auf etwa 13,8 Milliarden Jahre. Wir können diese Galaxien wahrnehmen, elektromagnetisch wahrnehmen, und nur dafür besitzen wir heute Sensorik, weil es zu diesem Zeitpunkt bereits Wasserstoff gegeben haben muss. Das Wasserstoffatom ist gewissermaßen die Mutter des Elektromagnetismus. Wir können sicher sein, dass unser Universum mindestens so alt sein muss, aber wenn Wasserstoff erst eine sehr späte Errungenschaft einer kosmischen Evolution wäre, könnte unser Universum auch sehr viel älter sein.

Und genau dieses alte Universum wäre dunkel und eine einleuchtende Erklärung für die heute viel zitierte dunkle Materie. Es muss eine Zeit vor dem Wasserstoff geben! Darauf deutet schon der riesige Größenunterschied zwischen Gravitation und Elektromagnetismus hin. In einem evolutionären Prozess kommt eine stärkere Wechselwirkung immer nach einer schwachen Wechselwirkung.

4 Gravitation

Wie lässt sich nun aber eine Zeit vor dem Wasserstoff erklären? Hierzu habe ich eine, allerdings sehr gewagte, Vorstellung entwickelt. Ich habe atomare Polarität mit geschlechtlicher Fortpflanzung in der biologischen Evolution und Hegelscher Dialektik in der kulturellen Evolution verglichen. Allen gemeinsam ist, die Vielfalt in ihrer jeweiligen Evolutionsform zu vergrößern, einem Uranliegen der Evolution. Je größer die

Vielfalt ist, desto größer ist die Wahrscheinlichkeit für ein evolutionäres Weiterkommen.

Aber damit alle drei in ihrem jeweiligen Bereich entstehen können, müssen entsprechende Voraussetzungen erfüllt sein. Es muss ein entsprechender Fundus an Masse für die atomare Polarisation, an Zellen für die geschlechtliche Fortpflanzung oder an Ideen für die Hegelsche Dialektik bereits vorhanden sein, damit die nächste Entwicklungsstufe gezündet werden kann. Für die atomare Polarität waren anscheinend Massen in der Größenordnung von Neutronen notwendig. Aber wie lässt sich die Entstehung von Neutrinos oder Neutronen erklären? Da es noch keinen Elektromagnetismus gab, stand als Wechselwirkung nur die Gravitation, eine extrem schwache Kraft zur Verfügung.

Eine Erklärung bietet sich, wenn man sich die Gravitation als die Kooperationsbereitschaft von Informationen vorstellt. Wenn man Informationen eine minimale, aber von Null verschiedene Trägheit zuordnet, dann ist eine so geringe Kraft ausreichend und eine weitere Folge dieser minimalen Trägheit ist eine riesige, aber endliche Informationsgeschwindigkeit. Informationen können dann über weite Entfernungen kommunizieren, sich synchronisieren und letztlich Informationscluster bilden. Erst wenn diese Cluster genügend groß sind, können sich Polaritäten bilden, Wasserstoff und alle anderen Elemente, die ganze Vielfalt unseres Universums.

5 Ein Universum aus dem Nichts

Nach diesem Szenario ist unser Universum praktisch aus dem Nichts entstanden. Aber wie lässt sich dieses Nichts vorstellen? Eigentlich gar nicht, vielleicht als leerer Raum ohne Raum? Allein diese letzte Frage zeigt, wie *räumlich* oder *raumbezogen* unsere Vorstellungen sind.

Hilfreich für eine abweichende Vorstellung ist ein Gedankenmodell. Stellen sie sich vor, die Informationsgeschwindigkeit wäre unendlich. Alle Informationen wären gleichzeitig vorhanden, hätten natürlich keine Trägheit, es gäbe keine Entfernungen, also keinen Raum und natürlich auch keine Zeit, es gäbe keine Orientierung, keine Kausalität, es gäbe einfach nichts. **Nichts!** Man kann das auch als *Raum der Möglichkeiten* bezeichnen, alles ist möglich, aber nichts ist wirklich oder real.

Als Grundpfeiler der Evolution habe ich Wettbewerb, Kooperation und Unbestimmtheit angegeben. Wenn sich infolge dieser Unbestimmtheit aus einigen Möglichkeiten reale Informationen entwickeln könnten, mit einer minimalen Trägheit, also Masse, und riesigen aber endlichen Geschwindigkeiten, dann können auch Kooperations- und Wettbewerbsmechanismen greifen. Diese Trägheit oder Masse dient dann auch gleichzeitig als Informationsspeicher, als Gedächtnis, ohne das ja Wettbewerb sinnlos ist.

Ein Informationsspeicher muss ein Spiegelbild der Evolutionsgeschwindigkeit sein, je langsamer die Evolutionsgeschwindigkeit, desto langlebiger muss deren Gedächtnis sein. Vielleicht ist das der Grund, weshalb man früher (und vielleicht die Mehrheit auch noch heute) von toter Materie sprach, weil ihr Leben als solches nicht erkennbar war. Als lebende Menschen beziehen wir Leben gerne auf uns intuitiv zugängliche Zeitspannen. Daher stammt wohl auch die alte Differenzierung zwischen Biologie (lebende Materie) und Physik (tote Materie). Und genau diese Voreinstellung hindert noch heute viele Physiker daran, sich das Universum als lebendes System vorzustellen.

Für die Erschaffung von toter Materie kann natürlich keine Evolution gelten (per Definition), dafür kann nur ein Gott zuständig sein und schon stecken Physiker in einem Zwiespalt, einem Dilemma.

6 Emergenz

Wie im Prolog erwähnt wird die Herausbildung neuer Eigenschaften oder Strukturen eines Systems infolge des Zusammenspiels seiner Elemente als Emergenz definiert. Dabei lassen sich die emergenten Eigenschaften des Systems nicht – oder jedenfalls nicht offensichtlich – auf Eigenschaften der Elemente zurückführen, die diese isoliert aufweisen. Von Aristoteles stammt bereits die Aussage:

"Das, was aus Bestandteilen so zusammengesetzt ist, dass es ein einheitliches Ganzes bildet – nicht nach Art eines Haufens, sondern wie eine Silbe –, das ist offenbar mehr als bloß die Summe seiner Bestandteile. Eine Silbe ist nicht die Summe ihrer Laute: ba ist nicht dasselbe wie b plus a, und Fleisch ist nicht dasselbe wie Feuer plus Erde."

Heute ist zumeist die verkürzte Form ‚Das Ganze ist mehr als die Summe seiner Teile' geläufig.

Man erkennt sofort den gemeinsamen Nenner, wobei aber der moderne Begriff Emergenz präziser gefasst ist. Im 5. Kapitel habe ich dargelegt, dass 4 binäre Schalter ‚A' 8 Zustände realisieren können, dagegen kann ein Schalter AAAA 16 Zustände darstellen. Vielleicht wird der Unterschied auf Anhieb deutlich, wenn ich den ersten Fall A,A,A,A schreibe und den zweiten Fall $A_1A_2A_3A_4$. Im zweiten Fall sind die 4 Schalter in irgendeiner Form miteinander verknüpft.

Es reicht also nicht, vier Schalter in einen Topf zu werfen, sondern es wird noch eine Zuordnung, eine Vernetzung benötigt. In diesem einfachen Fall hat jedes einzelne ‚A' eine unterschiedliche Aufgabe zu erfüllen, die einzelnen A's sind folglich unterscheidbar, nicht durch ihr Aussehen, sondern durch ihre Aufgabe. Wenn Teile miteinander kooperieren, gehen sie eine Verknüpfung, eine Vernetzung ein, einen Kooperationsvertrag, und dieser ist Voraussetzung für Emergenz. Durch diese Verträge ergeben sich für die Kooperationswilligen die oben erwähnten Wettbewerbsvorteile und sind damit die Erklärung für eine evolutionäre Entwicklung vom Einfachen zum Komplexen.

Emergente Systeme besitzen einen erhöhten Informationsgehalt, erzeugen somit mehr Wirkung (s. Kapitel 3: Wahrnehmung) und damit auch einen Zugewinn an Energie. Emergenz und Energieerhaltung schließen einander aus. Zwar ist dieser Zugewinn an Energie äußerst minimal und vermutlich mit heutiger Technik nicht messbar, aber über Zeiträume von Hunderten von Millionen Jahren nicht vernachlässigbar und somit eine gute Erklärung für die Hubblesche Rotverschiebung.

Wenn man mal hypothetisch Emergenz mit Leben gleichsetzt, dann bewahrheitet sich die Aussage des Paracelsus, dass unsere Welt (unser Universum, unser Kosmos) ein lebendiges Wesen ist und gleichzeitig die physikalische Prämisse der

Energieerhaltung. Schließlich beschäftigt sich Physik nach vorherrschender Meinung mit der ‚toten Materie' und somit wären emergente Systeme nicht Teil der Physik! Ich bin selbst Physiker und bewundere die Errungenschaften der Physik, bin aber nicht so vermessen, die Welt ‚physikalisch' erklären zu wollen. Physiker beschäftigen sich mit kleinsten Puzzleteilchen, aber schon Aristoteles wusste, dass das Ganze mehr ist als die Summe seiner Teile.

7 Evolution und ihre Folgen

Evolution hat keinen Plan. Evolution kennt keine Zukunft. Das sind provokante Aussagen, die unserer gesamten Erziehung widerstreben, aber brisante Folgen haben. In der Evolution passieren Dinge zufällig und werden nur dann übernommen oder akzeptiert, wenn sie sich im Wettbewerb bewähren, ohne Vorurteil, ohne Vorsehung, ohne Plan. Ob sich etwas Neues bewährt, hängt vom Umfeld ab und verändert dann aber auch dieses Umfeld. Evolution heißt stetige Veränderung ohne Perfektion. Evolution und Perfektion sind komplementär, schließen sich gegenseitig aus.

In einem evolutionären Universum ist kein Platz für einen allmächtigen und allwissenden Gott, höchstens als Hüter des *Raums der Möglichkeiten*, des *Nichts*. (Allmächtigkeit und Allwissenheit ist auch nur in so einem Nichts gleichzeitig möglich.) In dem Fall wäre Gott für die Unbestimmtheit, den Zufall verantwortlich, dafür welche virtuellen Möglichkeiten zu realen Informationen werden sollen. Insofern entspricht das durchaus einigen althergebrachten Religionsvorstellungen, aber in einem etwas andern Kontext.

Ein evolutionäres Universum revolutioniert allerdings unsere Vorstellung von den Kräften der Natur. Da Evolution keinen Plan hat und keine Zukunft kennt, weiß sie nichts über die Spätfolgen ihrer Kräfte. Sie weiß nicht, dass Gravitation nach Billionen von Jahren und der Entstehung riesiger Massen uns Menschen ganz andere Ergebnisse und Auswirkungen vorspiegelt als das, wofür Gravitation ursprünglich einstand, die Kooperationsbereitschaft von Informationen. Vermutlich gibt es nicht einmal eine einheitliche ‚Gravitationsgeschwindigkeit', da diese trägheitsabhängig ist.

Und wie steht es mit dem Elektromagnetismus? Wir wissen, dass er sich wegen der konstanten Informationsgröße h mit einer konstanten Geschwindigkeit, der Lichtgeschwindigkeit c, ausbreitet. Diese ist aber viel zu klein, als dass sie für die Kommunikation weit entfernter Galaxien gedacht sein könnte. Seine Aufgabe bestand wohl eher in der Kommunikation und möglichen Synchronisation nicht zu weit entfernter Atome. Kommunikationsgeschwindigkeit muss schon in einer Beziehung zum Abstand der Kommunikationspartner stehen.

Dass wir heute Millionen von Lichtjahren entfernte Galaxien sehen können, sollte man deshalb eher als einen unbeabsichtigten Nebeneffekt der Evolution betrachten, denn als eine göttliche Vorsehung, damit wir unser Universum beobachten können.

Wenn wir heute eine hochentwickelte Mathematik besitzen, dann kann man diese als eine Meisterleistung unserer Kultur auffassen, aber für eine Evolution, die nicht einmal Binäralgebra kennt, sind Minkowski-Räume und ähnliches inadäquat. Mathematik hilft uns Menschen komplexe Prozesse verhältnismäßig übersichtlich darzustellen, aber Evolution kennt keine

Funktionen, sondern nur diskrete Ereignisse (Beispiel radioaktiver Zerfall). Wenn wir diese mit einer mathematischen Funktion einigermaßen gut beschreiben können, hilft uns das bei der Analyse, verschleiert aber das Wesen der Evolution.

Deshalb möchte ich zum Abschluss noch einmal auf das Heliumatom zurückkommen. Ein Heliumatom ist energetisch günstiger, niedriger als die Summe seiner Einzelteile (2H+2N). Deshalb wird bei der Fusion von Wasserstoff zu Helium Energie frei, wie wir es bei unserer Sonne sehen und in Fusionsreaktoren zukünftig erzeugen wollen. Wenn das allerdings so einfach wäre, wäre längst der gesamte Wasserstoff in unserem Universum zu Helium fusioniert.

Die Evolution hat dem aber einen Riegel vorgeschoben und eine Energiebarriere davor gesetzt, die zur Initialisierung des Fusionsprozesses erst einmal überschritten werden muss. Wenn diese Initialisierung aber einmal überschritten ist, entsteht ein Selbstläufer, der mehr Energie erzeugt als zur Initialisierung erforderlich ist. Das ist das Prinzip der Sonnen, das heute sehr gut verstanden ist.

Bei einem gedachten Urknall, bei dem die gesamte Energie unseres Universums in einem explodierenden Punkt vereinigt sein sollte, wäre noch lange Zeit eine so hohe Energiedichte vorhanden, dass der gesamte Wasserstoff zu Helium fusioniert haben müsste. Um die Urknalltheorie zu retten, mussten Physiker ein Szenario entwickeln, das an Unwahrscheinlichkeit und Unfassbarkeit kaum noch zu überbieten ist. (Hatten da Theologen ihre Hand im Spiel?) Man benötigt eine Hyperinflation für Bruchteile von Sekunden, die, noch bevor Wasserstoff entstehen kann, die Energiedichte so stark vermindert, dass kein Helium entstehen kann. Dann müssen sich aber wieder Wasserstoffwolken zusammenklumpen, damit Helium und andere Elemente entstehen können. Dazu muss natürlich die Inflationsrate wieder stark abnehmen...

All diese Klimmzüge und noch viel mehr sind notwendig, weil Physiker nicht mit offenen Systemen umgehen können, obwohl diese in der Logik (Gödel), Kultur und Biologie bereits breite Akzeptanz gefunden haben. Der Hauptgrund liegt aber wohl darin, dass man all die schönen Theorien, für die es Nobelpreise gehagelt hat, die so komplex und mathematisch anspruchsvoll sind, einfach schreddern muss, dass man das Konzept von CERN überdenken und dass man seine althergebrachten Denkweisen über Bord werfen muss.

Die Einsicht, dass man auch mit falschen Theorien richtige Ergebnisse bekommen kann, ist zwar bekannt und wird täglich durch unsere Politik oder unser Banken- und Finanzwesen bestätigt, aber dennoch lieber verdrängt. Mit meinem evolutionären Ansatz schafft man sich jedenfalls in der Welt der Physik und der Physiker, in Bank- und Finanzkreisen oder bei den Juristen, die ständig neue Gesetze erfinden ohne deren Lebensdauer zu limitieren, ganz zu schweigen von den Theologen jedweder Couleur, nicht sehr viele Freunde.

Aber allen kann ich ins Herz schreiben, dass Liebe nichts anderes ist als die uns zugängliche Variante der ursprünglichen Kooperationsbereitschaft. Evolution kennt Liebe, aber keinen Glauben und keine Hoffnung. Ihr Glaube ist der Wettbewerb und Hoffnung hat nur einen Bezug zur Zukunft, die sie nicht kennt.

Evolution prägnant in 3 Schritten

1. Evolution kennt keinen Plan und keine Zukunft. Auf Grund dieser Planlosigkeit bleibt nur das Verfahren von Versuch und Irrtum. Die Versuche sind zufällig. Damit ist das erste Kriterium **Zufall** und **Unbestimmtheit**.

2. Um die Qualität der Versuche zu bemessen und zu verbessern, bedient sich die Evolution des Wettbewerbs. Da Wettbewerb auf Vergleichen beruht, wird eine Informationsspeicherung und eine Informationsverarbeitung benötigt, Gedächtnis. Damit ist das zweite Kriterium **Wettbewerb** und **Gedächtnis**.

3. Um die Qualität des Wettbewerbs zu verbessern, werden bessere Gedächtnisleistungen benötigt. Größere Informationsspeicher werden durch Kooperationen erreicht. Dabei stellt sich heraus, dass größere Gedächtnisse ganz neue Möglichkeiten bereitstellen, Emergenz. Das Ganze ist mehr als die Summe seiner Teile. Damit ist das dritte Kriterium **Kooperation** und **Emergenz**.

Nun beschreibt aber Emergenz etwas Neues, etwas Unbekanntes, etwas Unvorhersehbares und damit auch etwas Unbestimmtes. Somit sind wir wieder zurück bei Schritt 1. Diese Rückkopplung hält den Prozess in Gang und dieser wird daher auch gerne mit **Autopoiesis** bezeichnet.

Am Ende des 5. Kapitels habe ich bereits angedeutet wie man diese 3 Schritte noch prägnanter zusammenfassen kann:

Evolution ist die Bewährungsprobe der Möglichkeiten.

Appendix

Energieerhaltung ist ein Merkmal, ein Prinzip geschlossener Systeme. Geschlossene Systeme definieren sich durch Energieerhaltung! Das ist Physik, dafür steht Physik, die Wissenschaft geschlossener Systeme! Die Summe aller Energien ist konstant. Das ist eine Gleichung. Dafür wurde die höhere Mathematik entwickelt, für Gleichungen, Gleichungssysteme, Gleichgewichte. Geschlossene Systeme werden durch Gesetze, Vorschriften (Rechenvorschriften) und Ge- und Verbote repräsentiert.

Unbestimmtheit ist ein Merkmal, ein Prinzip offener Systeme. Offene Systeme definieren sich durch Evolution. Kurt Gödel hat bereits 1931 mit seinem Unbestimmtheitssatz bewiesen, dass unsere Logik ein offenes System ist (es gibt Aussagen, die sind unentscheidbar). Offene Systeme können aber nicht innerhalb geschlossener Systeme existent sein, da Systeme dadurch definiert sind, dass sie mit ihrer Umwelt kommunizieren und dadurch sich selbst und ihre Umwelt verändern. Die jeweilige Umwelt muss also auch ein offenes System sein. Die größte für uns erfassbare Umwelt ist unser Universum, das folglich offen sein muss. Für offene Systeme lassen sich nur Regeln oder Prinzipien finden, die Regeln der Evolution.

Wenn man die Offenheit unseres Universums nicht erkennt und blind die Gesetze geschlossener System, die Gesetze der Physik darauf anwendet, dann kommt dabei natürlich so ein horrender Unsinn wie die Urknalltheorie heraus. Ich würde die Urknalltheorie gerne als Freudsche Fehlleistung aussortieren, wenn ich nicht ständig mit einer ihrer Schlussfolgerungen, dem Alter unseres Universums von ca. 13,8 Milliarden Jahren, von allen Seiten konfrontiert werden würde. Wenn selbst renommierte Wissenschaftler diese Aussage unkritisch überall verbreiten, wird auch diese mit der Zeit zu einem unabänderlichen Dogma. Nun, wer an eine jungfräuliche Geburt glaubt, für den ist der Glaube an den Urknall eine der leichtesten Übungen.

Wie konnte es zu so einer dramatischen Fehlleistung überhaupt kommen? Im Laufe der Jahrhunderte hatte sich eine wunderbare und sehr erfolgreiche Symbiose aus Naturwissenschaften und Mathematik entwickelt. Die Mathematik, eine Kunstwissenschaft, wurde immer weiter entwickelt und die klassische Physik erreichte eine ungeahnte Perfektion. Im Jahr 1900 benötigte Max Planck eine Hilfsgröße (h) mit der Dimension einer Wirkung, um die Strahlung eines schwarzen Körpers erklären zu können. Das war der Anstoß zur Quantenphysik, die sich rasant entwickelte und hervorragende Ergebnisse zeitigte. Eine der herausragenden Leistungen war die Schrödinger-Gleichung, die Quantenzustände sehr gut beschreiben konnte. Dazu kam Einsteins Allgemeine Relativitätstheorie (ART), ein wirkliches Kunstwerk mathematischen Denkens. Nimmt man noch die etwas früher entstandenen Maxwellschen Gleichungen des Elektromagnetismus hinzu, dann ergibt das alles zusammen eine mathematische Beschreibung unserer Welt, die an Eleganz kaum zu überbieten ist. **Diese Eleganz blendet, aber verblendet leider auch!**

Selbst als Heisenberg 1927 seine Unschärferelation (Unbestimmtheitsrelation) formulierte oder Gödel 1931 seinen Unbestimmtheitssatz bewies, wurde trotz dieser klaren Hinweise ein evolutionärer Ansatz ausgeklammert. Und wenn sich diese Evolution erst in der 13. Oder 14. Nachkommastelle bemerkbar macht, dann ist diese für die tägliche Physik auch tatsächlich irrelevant, aber eben **nicht** für die Geschichte unseres Universums.

Wenn man nur den Größenunterschied zwischen der Gravitation und der elektromagnetischen Kraft betrachtet, der mehr als 30 Zehnerpotenzen beträgt, dann sind natürlich die ernsthaften Zweifel berechtigt, ob so unterschiedliche Kräfte gleichzeitig, nämlich im Urknall, entstanden sein können. Ist es nicht viel naheliegender, der Entstehung dieser beiden Kräfte eine Zeitspanne zuzuweisen, die in etwa deren Größenunterschied entspricht? Demnach müsste die Gravitation um einige Zehnerpotenzen älter sein als der Elektromagnetismus und damit auch unser Universum.

Zum Abschluss möchte ich nur erwähnen, dass es mir im Grunde genommen völlig egal ist, ob unser Universum 13,8 Milliarden Jahre oder noch einige Zehnerpotenzen älter ist, es ist in jedem Fall sehr alt, aber es ist mir nicht egal, wenn die Grundpfeiler eines Ergebnisses offensichtlich falsch sind. Wenn Physiker schon über den Tellerrand hinausschauen wollen, dann müssen sie wenigstens anerkennen, dass dort kein Teller mehr ist!!! (Der Teller der Physik ist übrigens die höhere Mathematik, die in einem Uruniversum weder vorhanden noch anwendbar war.)

Wenn man das Nichts als den unendlichen Raum der Möglichkeiten begreift und Evolution als Bewährungsprobe dieser Möglichkeiten betrachtet, dann wird die Entstehung eines evolutionären Universums aus dem Nichts verständlich, ohne Urknall, Hyperinflation und festgeschriebene Naturgesetze, ohne einen willkürlichen Teilchenzoo und völlig unwahrscheinliche Naturkonstanten. Dafür sind Informationen die Grundlage von Materie und deren Kommunikation und Synchronisation die Bausteine von Zeit und Raum.

Wer sich nicht mit einer gottlosen Welt anfreunden kann, der darf sich Gott als den Hüter des Raums der Möglichkeiten vorstellen und Evolution als Gottes Werkzeug, um diese Möglichkeiten zu realisieren.

Vier Weisheiten standen bei diesem Buch Pate.

1. Don't do ontu others,
    what you don't want them to do ontu you.

Konfuzius

    (Grundlage meiner Religion, glaubensunabhängig)

2. Das Ganze ist mehr als die Summe seiner Teile.

Aristoteles

    (Evolution kennt keine Zukunft und Extrapolation)

3. Die Welt ist ein lebendiges Wesen

Paracelsus

    (Unser Universum ist evolutionär)

4. Die Dosis ist das Gift

Paracelsus

    (Es gibt weder Himmel noch Hölle oder gut und böse)
    (Das Schlechte ist ein Zuviel des Guten)
    (In Maßen ist alles erlaubt, es gibt keine Perfektion)

Literatur

J. Assmann: Religion und kulturelles Gedächtnis
S. Blackmore: The Meme Machine
F. Cramer: Der Zeitbaum
R. Dawkins: Climbing Mount Improbable
R. Dawkins: Das egoistische Gen
H. v. Ditfurth: Im Anfang war der Wasserstoff
S. J. Gould: Zufall Mensch
G. Hiller: Meine Zeit
G. Hiller: Information und Kosmos
G. Hiller: Evolution 3.0
J. Huxley: Evolutionary Humanism
N. Luhmann: Einführung in die Systemtheorie
J. Monod: Zufall und Notwendigkeit
S. Pinker: Der Stoff, aus dem das Denken ist
L. Smolin: Warum gibt es die Welt?
L. Smolin: Im Universum der Zeit
S. Strogatz: Sync
S. Wolfram: A New Kind of Science